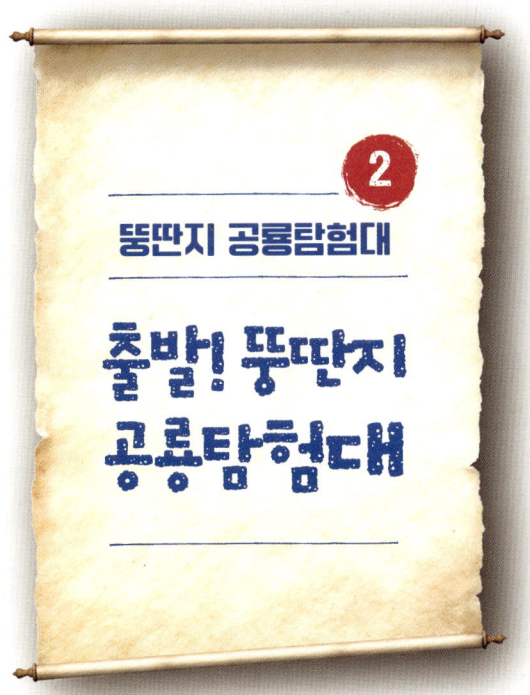

뚱딴지 공룡탐험대 ②

출발! 뚱딴지
공룡탐험대

자유로운
상상

뚱딴지 공룡탐험대 ❷
출발! 뚱딴지 공룡탐험대

초판 1쇄 인쇄 | 2023년 7월 15일
초판 1쇄 발행 | 2023년 7월 20일

지은이 | 김우영
펴낸곳 | 자유로운상상
펴낸이 | 하광석
디자인 | 김현수(이로)

등 록 | 2002년 9월 11일(제 13-786호)
주 소 | 경기도 하남시 미사강변중앙로 204번길 11 1103호
전 화 | 02 392 1950 팩스 | 02 363 1950
이메일 | hks33@hanmail.net

ISBN 979-11-983735-9-5 (77810)

· 사전 동의 없는 무단 전재 및 복제를 금합니다.
· 잘못 만들어진 책은 바꾸어 드립니다.
· 책 값은 뒤표지에 있습니다.

뚱딴지 공룡탐험대

출발! 뚱딴지 공룡탐험대

글·만화 김우영

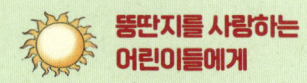 **똥딴지를 사랑하는 어린이들에게**

신나는 공룡 탐험을 떠나보자!

　사람이 살기 훨씬 오래 전, 지구에는 아주아주 커다란 몸집에 갑옷을 입은 듯한 튼튼한 피부, 그리고 날카로운 이빨과 발톱을 지닌 무시무시한 동물이 살고 있었어요. 바라보기만 해도 오싹오싹 소름이 돋는 공룡이 바로 그것이었습니다. '공룡'은 말 그대로 '무서운 용'이에요.

　하지만 지금까지 어떤 사람도 실제로는 보지 못한, 화석으로만 남아있는 존재가 바로 공룡입니다.

　공룡은 중생대에 크게 번성하며 지구를 지배했어요.

　그런데 어느 날 갑자기 멸종해 버렸죠.

　대체 무슨 일이 벌어졌던 걸까요?

　어린이 여러분의 궁금증을 해소하기 위해 우리의 친구 똥딴지와 삽살이가 공룡탐험을 떠나게 됩니다. 물론 만화와 현실은 다릅니다. 혹시 이 만화를 보고 가볍게 공룡 탐험을 떠나는 친구들은 없겠죠?

　만약 여러분 중에 공룡 탐험을 희망하는 어린이가 있다면 똥딴지와 삽살

이처럼 공룡에 관한 공부와 준비를 충분히 하기 바랍니다.

　미지의 세상을 가보고 싶은 꿈을 이룬다는 것은 많은 어려움이 따르기 때문입니다. 어린이 여러분들의 욕구와 호기심을 조금이라도 만족시켜주기 위해 뚱딴지 공룡탐험대가 탄생했습니다. 어떤 어려운 상황에서도 슬기롭게 도전해서 극복해 나가는 뚱딴지 공룡탐험대와 함께 어린이 여러분도 탐험과 도전의 정신을 키울 수 있기 바랍니다.

　특히 이번 〈공룡 탐험〉에는 지금까지 알려진 공룡보다 더 많은 공룡 이야기가 담겨 있습니다.

　많이 사랑해 주세요.

평창동 화실에서
김우영

이 책에 등장하는 공룡들

미크로랍토르
작은 네 개의 날개를 가진 드로마에오사우루스과 공룡의 한 속이다.

디플로도쿠스
후기 쥐라기에 살았으며 초식 공룡이다. 널리 알려진 공룡 중 하나인 디플로도쿠스는 용각류에 속한다.

아파토사우루스
후기 쥐라기에 살았으며 초식 공룡이다. 아파토사우루스 공룡의 가장 큰 특징은 23m의 긴 몸길이와 20톤의 몸무게에 있다. 예전에는 브론토사우루스라는 이름으로 알려져 있다.

마멘키사우루스
후기 쥐라기에 살았으며 초식 공룡이다. 마멘키사우루스라는 이름은 처음 발견된 중국 지명을 따서 붙여졌는데 공룡 중에서 가장 목 길이가 긴 공룡으로 유명하다.

스테고사우루스
'지붕 도마뱀'이라는 뜻으로, 꼬리에는 뼈로 된 날카로운 가시가 4개 있는데 육식공룡을 물리치는 무기였다. 큰 몸집에 비해 머리가 작고, 뇌 또한 호두알 크기로 공룡 중 머리가 가장 나쁘고 행동이 느렸을 것이다.

안킬로사우루스
넓적한 몸집과 작은 키를 가지고 있는 안킬로사우루스는 짧은 네다리를 이용하여 이동하는 사족보행 공룡이다. 꼬리까지 골편이 발달하였으며, 꼬리에는 곤봉처럼 커다란 돌기를 가지고 있었다.

티라노사우루스 엑스
백악기 후기에 살았던 키는 6.5m, 몸길이는 14m 이상이었으며, 몸무게는 8t 정도였던 것으로 추측된다. 육중한 몸집에 목이 짧고 굵었으며, 앞다리는 매우 작아 뒷다리만을 이용해서 걸었다.

트리케라톱스
후기 백악기에 살았으며 북아메리카에서 발견된 각룡류인 초식 공룡이다. 트리케라톱스는 머리에 세 개의 뿔과 넓은 프릴을 가진 특징을 가졌으며, 각룡류 중에서 몸집이 큰 편에 속하여 육상 공룡 중 머리가 가장 큰 것에 속하고 있다.

파키케팔사우루스
중생대 백악기 후기 미국 중·서부에서 등장한 중형공룡으로 호전적 성격을 가졌으며, 머리에 헬멧과 같은 구조물을 가진 후두류 공룡 중 유일하게 살아남은 공룡이다.

스티라코사우루스
커다란 코뿔을 가지고 있으며, 스티라코사우루스는 후기 백악기에 살았으며 북아메리카에서 발견된 초식 공룡이다.

이크티오사우루스
쥐라기 전기에 유럽에서 서식했던 어룡. 이름의 뜻은 "물고기 도마뱀". 어룡의 대명사나 다름없는 종이다.

리오플레우로돈
목이 짧은 수장룡의 계통군인 플리오사우루스 상과에 속하는 커다란 육식성 해양 파충류의 한 속이다. 쥐라기 중기에서 후기까지 유럽의 바다에서 생태계 최상위 포식자였다.

프로가노켈리스
2억 1000만 년 전에 서식하였던 파충류이며 거북류의 조상이다. 중생대 트라이아스 후기에 서식한 멸종 거북의 일종이며, 학명은 '최초의 거북'이라는 뜻을 가지고 있다.

엘라스모사우루스
엘라스모사우루스는 긴 목이 전체 길이의 반을 차지했고 작은 머리와 짧은 꼬리, 네 개의 물갈퀴를 가진 수장룡, 즉 수영하는 파충류이다.

모사사우루스
중생대 백악기 후세에 지금의 유럽, 아메리카, 아시아, 아프리카의 해역에 널리 분포했던 파충류. 몸길이가 8~15m에 이르는 매우 큰 해양 동물로, 악어나 고래 모양의 유선형 몸체를 가졌으며, 사지는 배의 노처럼 변형되었다.

갈리미무스
후기 백악기에 살았으며, 몸무게는 250kg~500kg 정도이며 크기는 6~8m로 몽골 지역에서 발견된 잡식공룡이다. 갈리미무스는 '닭을 닮은 공룡'이란 의미를 가지고 있다.

스피노사우루스
'가시 도마뱀'이라는 뜻으로, 디메트로돈처럼 등에 부챗살 같은 돛이 솟아 있다. 몸매가 날렵하고 튼튼한 뒷다리가 있어 사냥을 할 때는 매우 빠른 속도로 움직였다.

이구아노돈
평균 길이는 9m이고, 신장은 4m이며, 허리까지의 신장은 약 3m, 무게는 약 4~5t이다. 벨기에에서 발견된 증거에 따르면 이구아노돈은 군집 공룡이다. 골 층에서 이구아노돈의 화석 여러 개가 함께 발견되었는데 이를 통해 무리를 지어 살았다는 것을 알 수 있다.

메갈로돈
2300만년 전~360만년 전 생존한 대형 상어이자 지구 역사상 가장 거대한 어류로, 바다 생태계의 최상위 포식자 위치에 있었던 상어다. 약 1940만 년이라는 기간 동안 최상위 포식자로 존재했다.

들어가면서

여러분, 우리 나라 땅에 수많은 공룡들이 살았었다는 사실을 알고 있나요? 결정적인 공룡의 몸체 화석이 발견된 건 아니지만 1억만 년 전, 우리 나라는 수많은 공룡들이 우글거리던 공룡의 낙원이었습니다.

왜 그런 주장을 하는지 궁금하죠?

우리의 친구 똥딴지는 공룡이 너무 좋아 공룡에 대해 공부도 많이 하고, 공룡 발자국 화석이 있는 곳으로 현장 학습도 떠나고, 결국은 공룡이 살아 있을지도 모르는 곳으로 공룡 탐험을 떠나게 됩니다.

우리 친구들도 똥딴지와 함께 신나는 공룡 탐험을 떠나 보세요. 그 동안 너무나 궁금했던 공룡들의 비밀을 알게 될 거예요.

> 첫번째 이야기

공포의 폭군, 티라노 사우루스

너무 귀여운 아기 공룡들이 이제 막 태어났어요. 그런데 어디선가 티라노사우루스가 나타났어요. 아기 공룡들의 운명은 과연 어떻게 될까요?

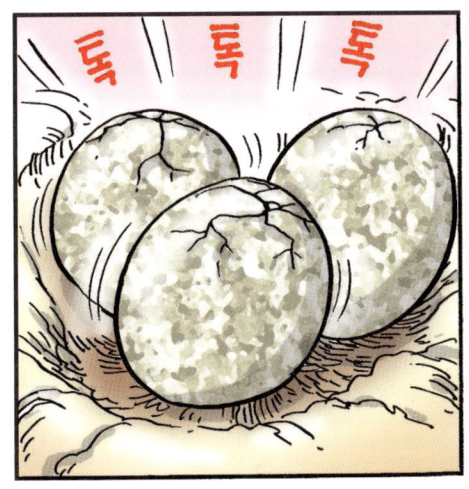

▶ **트리케라톱스**
- 몸길이 : 10m 가량
- 몸무게 : 10t
- 번성기 : 중생대 백악기
  (B.C. 1억 3,500만 년~B.C. 6,500만 년)
- 지역 : 지금의 미국, 캐나다
- 특성 : 덩치가 크며 초식,
  온순한 성격

티라노가 다가서자……

헉~!

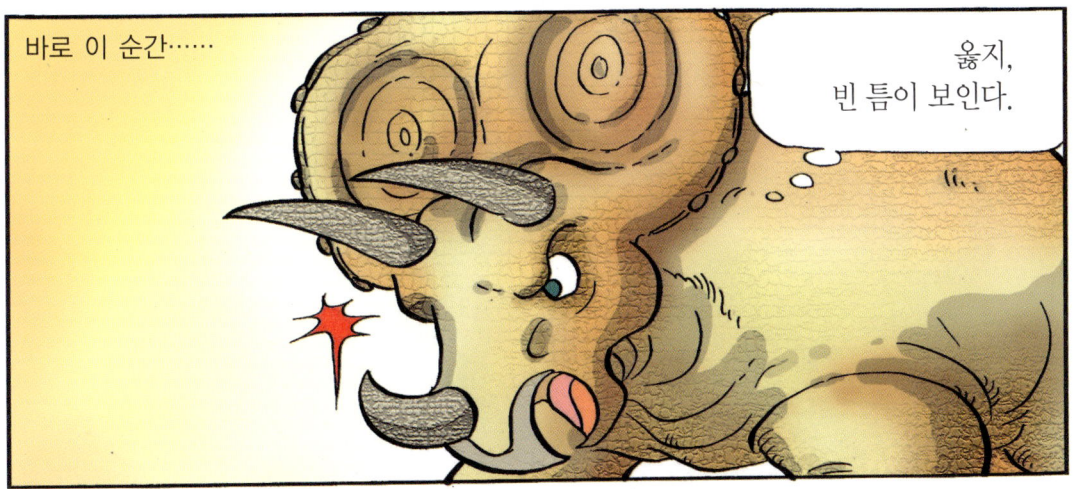

남아메리카(남미)에 있는 아마존 강,
그 물줄기를 따라 상류로 올라가면……

정말 신비한 '고지대'가 있답니다.

'고지대'는 아주 높은 곳에 있는 땅을 말하는 거예요.

그곳은 '기아나'라는 곳으로
수백 미터에서 수천 미터에 이르는
높은 절벽들로 둘러싸여 있고…

너무나 울창한 밀림이 펼쳐져 있어 사람은 도저히 들어갈 수도 없으며, 살 수도 없는 곳이랍니다.

집으로 돌아가야 하는데 어디가 어딘지 통 모르겠다.

또한 이 '기아나'에는 '테이블 마운틴'이라는 신비한 산이 170여 개나 있습니다.

끝없는 밀림 위로 우뚝 솟은 테이블 모양의 산들……

> 두번째 이야기

바다의 공룡들

원래 땅 위에서 사는 것을 공룡, 바다에 사는 것을 해룡으로 구분하지만 둘을 뭉뚱그려 공룡이라고 부르기도 합니다. 그럼 해룡의 종류에는 어떤 것들이 있는지 알아 볼까요?

목이 긴 바다 공룡, 수장룡

바다의 공룡들

수장룡은 어떻게 먹잇감을 잡을까?

이 공룡은 수장룡인데 이 이름이 붙여진 까닭은…

목을 뜻하는 수(首)에 길다는 장(長)자가 합쳐진 것으로 목이 긴 공룡이야.

허허. 우리 뚱딴지가 제법인데?

사상 최강의 바다 공룡, 레오플레우도론

쥐라기의 바다.

내가 레오플레우도론이오. 이빨이 무섭게 보이지요?

길이 12m나 되는 몸집으로 쥐라기 후기 바닷속에 살던 해룡이에요.

◀우리 나라의 공룡 유적지

경상남도 고성에서 덕명리라는 곳으로 내려가면 '공룡 발자국 화석'이 수없이 많은 곳이 있습니다.

세계 어느 나라에서도 이렇게 많은 발자국이 한군데에서 발견된 적은 없어 세계적으로도 귀중한 연구 자료가 되며, 우리 나라에서도 천연기념물 제411호로 지정해 보호하고 있습니다.

세번째 이야기

공룡의 발자국

공룡의 발자국을 찾아 떠난 똥딴지와 친구들······
똥딴지가 들려주는 공룡의 또 다른 비밀은 무엇일까요?

뚱딴지, 공룡 박사님을 만나다

이건 1억 년 전쯤 죽음의 경주가 벌어진 흔적이란다.

네에? 죽음의 경주요?

잡아먹느냐? 잡아먹히느냐? 3마리의 공룡이 목숨을 걸고 죽음의 사투를 벌인 거란 말이지!

바로 그 위급한 순간에 너희들이 보고 있는 이 발자국들이 찍힌 거지.

꼴깍.

어휴~ 내 다리가 떨린다.

뚱딴지 공룡 박사님! 내 말이 더 그럴듯하지 않나?

그런 것 같아요.

그럼 나를 '사부님'으로 모셔야 하는 거 아니냐?

헤~.

또 다른 발자국의 놀라운 비밀

공룡 발자국 화석들은 호숫가 늪지대의 공룡 발자국 위에 몇천 년 동안 물에 떠내려 온 진흙 등 퇴적물이 1,000~2,000m 두께로 쌓인 것으로, 발자국이 지하에서 암석으로 굳어진 뒤 다시 지표면으로 밀려 나와 노출된 것입니다.
그에 반해, 몸체 화석은 홍수나 지진 등의 격변으로 공룡이 산 채로 파묻혀야 생길 수 있는 것으로, 안정된 지형의 우리 나라 경우는 몸체 화석이 남아 있지 않습니다.

공룡의 발자국만으로는 이때에 서식하던 공룡의 종류를
정확하게 판단하기 어려워요. 다만 우리 나라가
공룡들이 집단 서식하기에 아주 적절한 조건의 지역이었고
많은 종류의 공룡이 살았었음을 알 수 있습니다.

부모님의 허락

네번째 이야기

출발!
공룡탐험대

이제 드디어 똥딴지와 삽살이는
잃어버린 세계로 탐험을 떠납니다.

아마존으로 떠나는 공룡 탐험대

공룡 탐험대 대원으로 떠난다니 자랑스럽구나.

감사합니다.

세계적으로 유명한 공용만 박사님과 함께 가는 것이니 예의를 잘 지켜야 한다.

▶ **아르헨티노사우루스**

중생대에 살았던 몸무게가 10톤이나 되는 거대한 공룡으로 뼈의 구조가 특수하게 이루어져 몸무게를 견딜 수 있었을 것으로 추정된다.

나라 이름을 딴 공룡이라니….

그럼 우리 나라에서 공룡이 발견된다면 이름이 '코리아나사우루스' 겠네요?

!

여러분, 이 공룡은 '코리아나사우루스'로 한국에서 발견된 공룡입니다.

핫하하… 뚱딴지가 학술 발표를 하고 싶은가 보구나.

우휴~! 생각만 해도 너무 신나요!